Leselernbuch

Teil A

Löwenzahn

Werkstatt für das Lesen- und Schreibenlernen

Herausgegeben und erarbeitet
von Jens Hinnrichs
unter Mitarbeit von
Petra Dalldorf, Katharina Kosjek,
Ursula Schwarz, Brigitte Stöcker, Jana Zacharias.

Mit Illustrationen von
Carmen Hochmann
und Antje Hagemann.

Schroedel
westermann

Uhu

Tip Oma Mama Papa

Imi

Lotta

2

Tap

Opa

Mi

Mo

Ami

Filo

3

„Mo!"

„Mo!"

„Mo!"

Mi und Mo bringen Mama Blumen mit.

„Mama!"
„Mama!"

Mo turnt am Ast.
Mama ruft:
„Mo, toll!"

„Mi! Mo!"

Mi turnt am Ast.
Mama ruft:
„Mi, du hast Mut!"

I i

„Mi! Mo!"

„Hallo, Imi!"

Ami will mit.
Imi nimmt Ami mit.

8

Imi und Ami landen auf einer Insel.

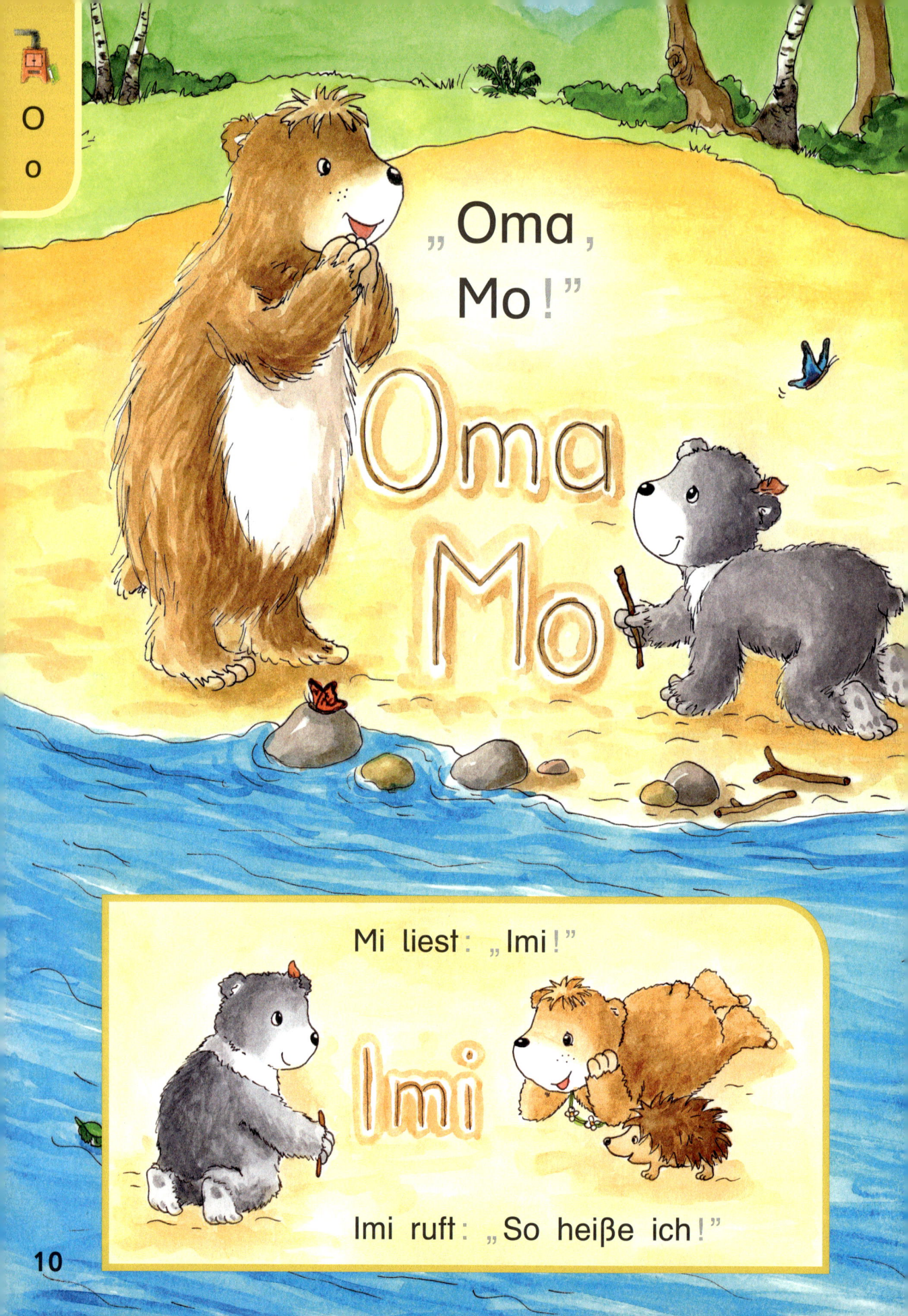

„Oma, Mo!"

Oma Mo

Mi liest: „Imi!"

Imi

Imi ruft: „So heiße ich!"

10

„Mama,
Mi!"

11

„Papa! Papa!"

Mo tastet. „Das ist Imi."

P
p

12

„Mama? Oma? Opa?"

Mi tastet. „Das ist Papa."

Opa mit Oma

Mo mit Mi

„Tam tata to,
Ami tanzt mit Mo!"

„Tam tata ti,
Imi tanzt mit Mi!"

Mama mit Papa

Tip mit Tap

„Das ist ein toller Tag!
Tam tata tam … !"

17

Mo malt Tip.

„Mo, toll!"

Tip kann alles lesen.

Arm
Arm
Bauch
Bein
Bein

Tip holt Tap.

„Hallo, Tap!
Tap, hopp!"

Lotta ruft:
„Hui, so hoch!"

Mi holt Lotta.

„Hallo, Lotta!
Lotta, hopp!"

„Lotta, hopp!
Wir fangen dich auf."

21

„Ma ma!"

Filo

Tip hilft Filo.

„Filo, hopp!"

„Tap,
hilf mal mit!"

Mi und Mo bringen einen Ast.

„Lotta,
hol Mi,
hol Mo!"

„Mi! Mo!
Hallo! Hallo!"

Lotta holt Mi.
Lotta holt Mo.

Alle halten den Ast fest.
Filo klettert aus der Falle.

Mut

Tip holt Luft ...

„U hu! U hu!
Tip hat Mut!"

Uhu wird nass.

„U hu hu!
U hu hu!"

Hat Tap Mut?

Papa hilft Tap.
Tap holt Luft ...

Mi taucht mit Mama
bis auf den Grund.

27

Rrrumm!

**Mama umarmt Mo.
Papa hat Mi
im Arm.**

Rrrumm!

Blitze zucken.
Der Donner kracht.
Rrrrrumm!
Der Regen rauscht.

Mi ruft:
„Uhu, hol Lotta!"

Uhu hilft Lotta.
„U hu! U hu!"

Das Gewitter ist vorbei.
Nun ist im Wald wieder Ruhe.

uhu

Filo Tip

31

Lotta in Not

Lotta ruft:
„Hallo! Hallo!"

Mi ruft:
„Nanu, Lotta?"

„Mi, hilf mir!"

Filo kommt mit Lotta.
Mi und Mo freuen sich.

Nun hilft Filo.
Filo holt Lotta.
Filo nimmt Lotta mit.

Lotta erzählt, was passiert ist.

S
s

Salto

Mo turnt mit Lotta.

Mo ruft:
„Lotta, los!
Salto, hopp!"

„Hui!"

Mama liegt in der Sonne.
„Los, Mama, turn mit!"
Aber Mama hat keine Lust.

Tap ruft:
„Lottas Salto ist so toll!
Mo, los,
turn mit uns!"

Papa turnt mit.
„Salto, hopp!", ruft Papa.

Nanu!

Uhu soll helfen

„Mama, Papa, Hilfe!
Sehen uns unsere Eltern?"

Mi umarmt Mo.
Mo umarmt Mi.

„Kommt mit!
Mi und Mo brauchen Hilfe!"

„Hallo, Uhu,
hilf uns!"

„Uhu, rette uns!
Hole unsere
Eltern her!"

„U hu! U hu!"

Die Eltern folgen Uhu.
Sie holen ihre Kinder.

ruft :

prima !"

„Ami,

D
d

Namen im Sand

Mi und Mo rennen
hinunter an den Fluss,
denn Mo hat Durst.

Lotta rennt hinterher.

Die Freunde sammeln kleine Steine.

„Der Turm dort ist toll",
ruft Mi.

Alle finden den Turm toll.

Mo ruft:
„Da sind Namen im Sand!",

Mi und Mo lesen:
„Ida? Tim?"

41

Fremde

Mi und Mo merken,
dass Fremde kommen.

Lotta rennt hin.
Mi und Mo halten
den Atem an.

Mi und Mo warten,
bis die Menschen
fort sind.

Das Kind filmt mit der Kamera.

Als Lotta kommt,
knurrt der Hund.
Da rennt Lotta fort.

Das Kind filmt den Hasen.

Die Menschen haben
etwas verloren.
Mi und Mo holen es.

Der Film

„Kinder, kommt!", ruft Mama.
„Wir wollen uns den Film ansehen."

„Der Film ist prima", findet Tim.
„Da wandern wir im Wald.
Da ist der Turm am Wasser.
Da rasten wir."

„Und da rennt der Hase!", ruft Ida.

Mama antwortet:
„Halt den Film mal an.
Da ist etwas hinter den Tannen."

„Was ist das?", fragt Tim.
„Sind das Tiere?"

„Das sind zwei Bären",
sagt Ida.
„Wir waren im Bärenwald!"

Inhaltsübersicht

Die Bärenfamilie

2–3	Die Bären und ihre Freunde		
4–5	Im Bärenwald	Mi und Mo suchen die Tiere	Mi, Mo
6–7	Mama	Mi und Mo klettern	M/m, A/a
8–9	Imi	Fahrt mit dem Seerosenblatt	I/i
10–11	Mi und Mo	Namen legen und schreiben	O/o
12–13	Papa	Die Bären spielen Blindekuh	P/p
14–15	Buchstabenturnen		

Spiel und Spaß

16–17	Oma mit Opa	Musizieren, singen und tanzen	T/t
18–19	Mi malt Lotta	Körperumrisse malen	L/l
20–21	Hallo, Tap!	Im Klettergarten	H/h
22–23	Silbenhüpfen		

Einander helfen

24–25	Filo	Die Freunde helfen dem Fuchs	F/f
26–27	Mut	Im Badeteich	U/u
28–29	Rrrrumm!	Gewitter	R/r
30–31	Namen am Sternenhimmel		

Miteinander

32–33	Lotta in Not	Rettung aus der Berghöhle	N / n
34–35	Salto	Spiel mit der Wippe	S / s
36–37	Uhu soll helfen	Mi und Mo haben sich verlaufen	E / e
38–39	Sätze im Irrgarten		

Seltsames

40–41	Namen im Sand	Der Sandturm	D / d
42–43	Fremde	Menschen im Bärenwald	K / k
44–45	Der Film	Mi und Mo im Film	W / w

Löwenzahn

Werkstatt für das Lesen- und Schreibenlernen

Leselernbuch

Teil A

© 2015 Bildungshaus Schulbuchverlage Westermann Schroedel Diesterweg Schöningh Winklers GmbH, Georg-Westermann-Allee 66, 38104 Braunschweig
www.westermann.de

Druck A⁶ / Jahr 2024
Alle Drucke der Serie A sind im Unterricht parallel verwendbar.

Redaktion: Lisa Prückler
Layout und Umschlaggestaltung: piou kunst + grafik, Braunschweig
(unter Verwendung einer Illustration von Carmen Hochmann)
Illustrationen: Antje Hagemann, Berlin; Carmen Hochmann, Bielefeld
Satz und technische Umsetzung: Doris Annacker, Wennigsen
Druck und Bindung: Westermann Druck GmbH, Georg-Westermann-Allee 66, 38104 Braunschweig

ISBN 978-3-507-43251-2